antonella abbatiello

LO
MÁS
IMPORTANTE

 Picarona

Un día, en el bosque Pradocolorado,

se produjo una acalorada discusión entre los animales.

El conejo dijo:

—Lo más importante es tener LARGAS OREJAS.
Quien tiene las orejas largas nota enseguida cada pequeño ruido sospechoso, los truenos, el peligro... y puede escapar a tiempo.

«Quizás sea verdad»,
pensaron los demás.

«Quizás sea verdad»,
pensaron los demás.

—¡No es cierto! –afirmó la jirafa–. Sólo quien tiene el CUELLO LARGO llega a las hojas más tiernas de los árboles, incluso cuando la hierba está seca y la tierra es árida.

«Quizás sea verdad»,
pensaron los demás.

—Yo digo –intervino la rana– que lo más importante es ser de COLOR VERDE, para camuflarse y escapar de los depredadores.

«Quizás sea verdad»,
pensaron los demás.

—Si es por eso –chilló el pájaro–,
lo más importante es tener ALAS.
Nadie puede alcanzarte si vuelas alto.

«Quizás sea verdad»,
pensaron los demás.

—Pero ¿qué decís? –barritó el elefante–.
Para mí, lo más importante es ser alto,
grande y, sobre todo, tener una larga
y bonita TROMPA.

«Quizás sea verdad»,
pensaron los demás.

—Ah, yo sin mis PIES PALMEADOS
no podría nadar –graznó la oca–
y, además de caminar, lo más importante
es nadar.

«Quizás sea verdad»,
pensaron los demás.

—¡Para nada! –gritó el castor–. Lo más importante es tener DIENTES GRANDES y FUERTES para comer, defenderse y construir una madriguera.

«Quizás sea verdad»,
pensaron los demás.

—Quizás TODAS esas cosas sean importantes
–propuso el sabio búho.

—¡¿TODAS?!
–dijeron los demás.

—No, ¡no todas juntas!
Cada uno de nosotros tiene algo importante.

Y, por fin,
todos se pusieron de acuerdo.

ANTONELLA ABBATIELLO es una ilustradora italiana, licenciada en la Academia de Bellas Artes de Roma. Ha ilustrado ochenta libros infantiles, y de muchos de ellos también es autora y creadora del proyecto. Ha colaborado con las principales editoriales italianas y sus obras han sido traducidas y publicadas en catorce países. En 2001, uno de sus libros fue galardonado con la Mención de Honor de la UNESCO en Educación para la Paz.

Web de la autora: www.antonellaabbatiello.it

Puedes consultar nuestro catálogo en www.picarona.net

LO MÁS IMPORTANTE
Texto e ilustraciones: *Antonella Abbatiello*

1.ª edición: junio de 2024

Título original: *La cosa più importante*

Traducción: *Cristina Zuil*
Maquetación: *El Taller del Llibre, S. L.*
Corrección: *Sara Moreno*

© 1998, Antonella Abbatiello
© 1998, Fatatrac, sello editorial de Edizioni del Borgo S.r.l.
Casalecchio di Reno (Bolonia), Italia
www.fatatrac.it
(Reservados todos los derechos)

© 2024, Ediciones Obelisco, S. L.
www.edicionesobelisco.com
(Reservados los derechos para la lengua española)

Edita: Picarona, sello infantil de Ediciones Obelisco, S. L.
Collita, 23-25. Pol. Ind. Molí de la Bastida
08191 Rubí - Barcelona - España
Tel. 93 309 85 25
E-mail: picarona@picarona.net

ISBN: 978-84-9145-722-0
DL B 2484-2024

Printed in China

MIXTO
Papel | Apoyando la silvicultura responsable
FSC® C020056
www.fsc.org